Armin Täubner



# Besuch im Zoo

Wand- und Fensterbilder aus Tonkarton

Frech-Verlag Stuttgart

Fotos: Birgitt Gutermuth



| | | | | | | |
|---|---|---|---|---|---|---|
| Auflage: | 5. | 4. | 3. | 2. | 1. | Letzte Zahlen |
| Jahr: | 1996 | 95 | 94 | 93 | 92 | maßgebend |

ISBN 3-7724-1594-6 · Best.-Nr. 1594



frech-verlag
GmbH + Co. Druck KG Stuttgart · Druck: Frech, Stuttgart 31

Nicht nur Kinder lieben Zoobesuche:
Exotische Tiere und Pflanzen, fremde Geräusche und Gerüche faszinieren auch Erwachsene.
Heute bemühen sich viele zoologische Gärten, Käfige und Gitterstäbe wo immer möglich aus den Gehegen zu verbannen. Die Tiere sollen weitgehend artgerecht gehalten werden. Dabei wird zum Beispiel berücksichtigt, ob sie in der freien Wildbahn als Einzelgänger oder in einer Gruppe leben. Großzügige Freilandgehege, die dem natürlichen Lebensraum nachgestaltet sind, geben den Besuchern einen Eindruck, wie die Tiere in ihren Heimatländern leben.

Fast alle Landschaftsvorlagen dieses Buches – Felsen, Grünflächen, Eisfelder – sind beliebig miteinander kombinierbar. Variieren Sie doch auch einmal mit den Bäumen und Büschen; manchmal gibt ein anderer Grün- oder Braunton der Szene ein ganz neues Gesicht.
Wenn Sie verschiedene Tierarten auf einem Fenster- oder Wandbild zusammenstellen möchten, sollten Sie auf die unterschiedliche Größe der Tiere achten. In den meisten Fällen müßten dann zum Beispiel Elefanten, Giraffen oder Nashörner vergrößert, Vögel dagegen verkleinert werden.

Und nun – viel Spaß beim Basteln: Holen Sie sich einen „Privatzoo“ mit Ihren Lieblingstieren in die Wohnung!

# Elefanten

Am Kopf beidseitig leicht versetzt Ohren und Stoßzähne ankleben. Mit einem schwarzen Filzstift die Augen aufmalen und durch kleine Bögen die Zehennägel andeuten.

# Giraffen

Mit einem feinen, schwarzen Filzstift Augen und Nasenlöcher aufzeichnen. Für die Fellzeichnung einen braunen Filzstift verwenden. Zum Schluß die Ohren ankleben.

## Schimpansen (Titelbild)

Auf das Gesicht mit schwarzem Filzstift Augen, Nase und Mund zeichnen. Gesichtsteil und Ohren am Affenkopf fixieren. Beim sitzenden Affen zuerst die Beine, dann den rechten Unterarm am Rumpf ankleben. Beim stehenden Affen kann der linke Arm in unterschiedlichen Stellungen am Rumpf befestigt werden.

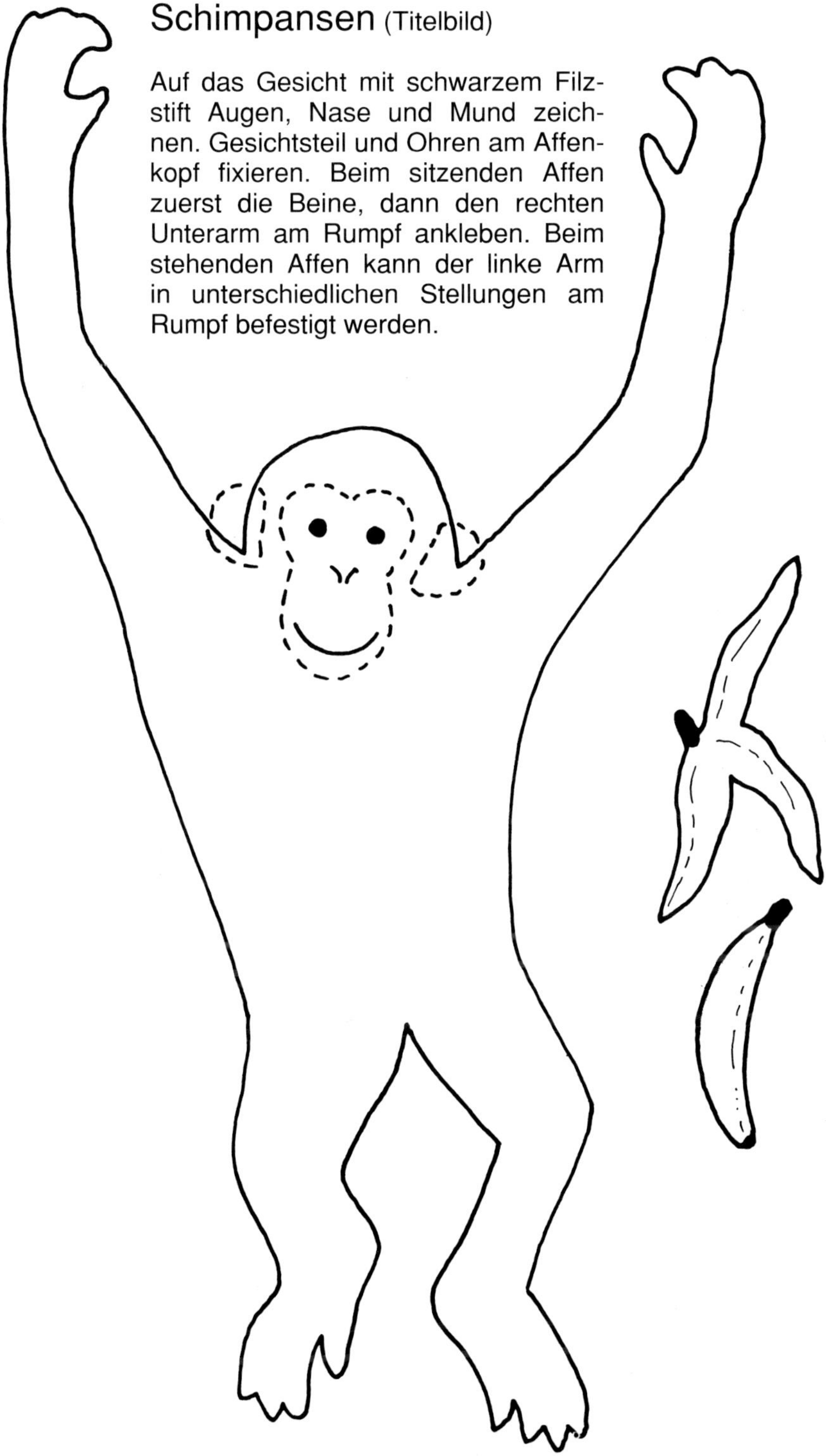

## Löwenfamilie

Die jungen Löwen werden als ein Teil ausgeschnitten. Beim Löwen zuerst die Mähne, dann das Ohr ankleben. Am Kopf der Löwin die Ohren beidseitig leicht versetzt anbringen. Augen, Nasenlöcher, Schwanzquaste und Krallen mit Filzstift aufzeichnen.

## Panther

Die Raubkatzen werden aus schwarzem Karton als ein Teil ausgeschnitten. Ihre Augen können mit einem feinen Lackstift aufgemalt werden.

# Braunbären

Bei den Bären muß entweder nur ein Ohr oder aber der ganze Kopf samt Ohr angeklebt werden. Augen und Nase mit einem schwarzen Filzstift aufmalen. Für die Szene „Bärenmutter mit Kind" werden die Hinterbeine der Bärin durch einen gebogenen Schnitt getrennt und die Hinterbeine des Bärenjungen dazwischengeklebt. Dann das Vorderbein der Bärin anbringen. Die Ohren ankleben und die Gesichter mit Filzstift aufmalen.

Gelbbrust-Ara

# Aras

**Hyazinth-Ara**
Am Rumpf (durchgezogene Linie) beidseitig und leicht versetzt die beiden Flügel (gestrichelte Linie) ankleben. Dann wird der zweiteilige Schnabel sowie die helle Augenfläche mit dem aufgemalten Auge angebracht. Die Füße mit Filzstift einschwärzen.

**Gelbbrust-Ara**
Mit einem schwarzen Filzstift zuerst die Füße und die Kehle einschwärzen. Der schwarze Kehlfleck sollte etwas größer als auf der Zeichnung sein, damit er dicht an die später aufgeklebten weißen und gelben Flächen anschließt. Nun das gelbe Bauch-Brustteil (gestrichelte Linie) und das weiße Gesichtsteil (punktierte Linie) aufkleben. Jetzt kann der schwarze, zweiteilige Schnabel (gestrichelte Linie) fixiert werden. Das Auge mit einem schwarzen Filzstift aufmalen. Zum Schluß beidseitig und etwas versetzt die blauen Flügel befestigen.

**Hellroter Ara**
Am Schwanz das blaue Schwanzteil (gestrichelte Linie) fixieren. Die Füße schwarz anmalen. Am Kopf zuerst die weiße Fläche, dann den zweiteiligen Schnabel ankleben. Nun das Auge aufmalen. Auf den roten Flügel die blaue und die gelbe Fläche kleben. Abschließend den Flügel am Rumpf fixieren.

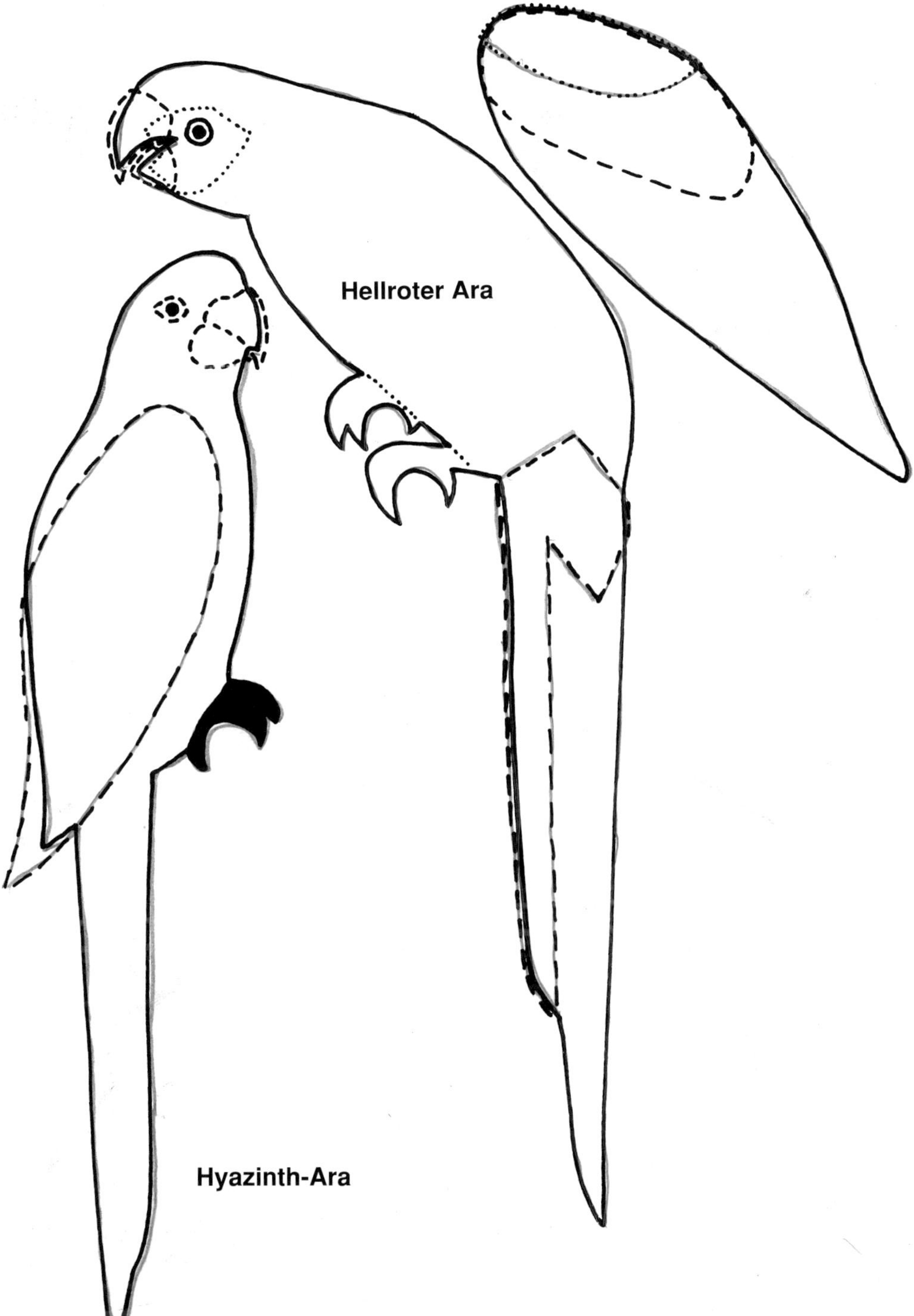
Hellroter Ara
Hyazinth-Ara

## Zebras

Rumpf und Ohren aus weißem Karton ausschneiden. Mit einem schwarzen Filzstift Mähne, Schwanzquaste, Hufe und die Fellzeichnung an- bzw. aufmalen. Augen und Nüstern nicht vergessen. Die Ohren an den Rändern schwarz einfärben und beidseitig etwas versetzt am Kopf fixieren.

## Nashörner

Die Hörner werden einseitig, die Ohren beidseitig und leicht versetzt am Nashornkopf befestigt. Kleben Sie dabei die weißen Teile (gestrichelte Linie) auf die grauen Hörner (durchgehende Linie). Mit einem feinen, schwarzen Filzstift Augen, Nasenlöcher, Zehennägel und Schwänze aufmalen.

## Känguruhs (Umschlag-Rückseite)

Am Rumpf beidseitig, jedoch etwas versetzt, Vorder- und Hinterbeine anbringen. Bei einem Känguruh den Kopf des Jungtieres am Bauch fixieren. Augen und Nasenlöcher aufzeichnen.

## Steinböcke

Beide Tiere werden - mit Ausnahme der Ohren - als ein Teil ausgeschnitten. Hufe und Hörner mit einem braunen Filzstift einfärben, Augen und Nasenlöcher aufmalen. Abschließend etwas versetzt die Ohren ankleben.

## Pelikane

Rumpf und Flügel separat ausschneiden. Die Flügel leicht versetzt beidseitig am Rumpf ankleben. Schnabel und Beine mit einem gelben Filzstift anmalen und die Augen aufmalen.

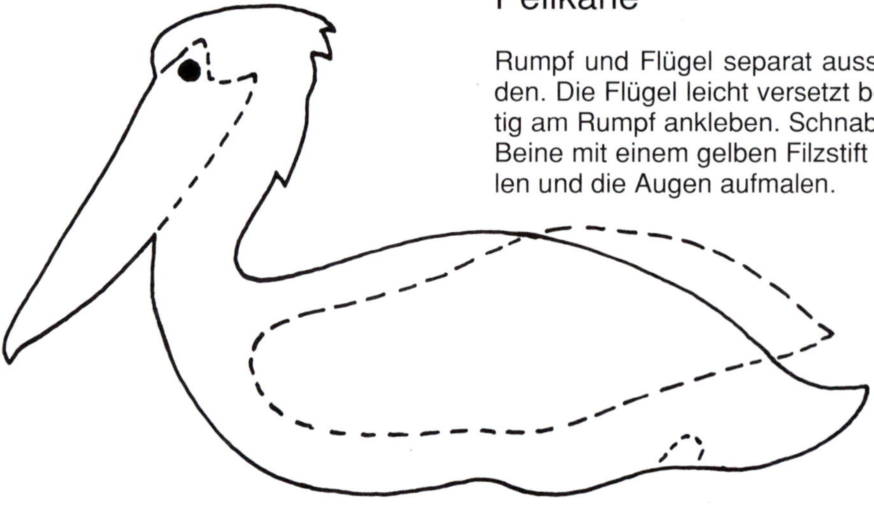

## Seehunde

Bei den liegenden Seehunden jeweils eine Vorderflosse nach vorne bzw. nach hinten gerichtet am Rumpf fixieren. Mit einem feinen, schwarzen Filzstift die Gesichter zeichnen.

## Pinguine

Am weißen Rumpfteil (durchgezogene Linie) Schnabel und Fuß bzw. Füße mit Filzstift orange anmalen. Dann wird das schwarze Kopf-Rückenteil (gestrichelte Linie) aufgeklebt. Darauf die weiße Augenfläche sowie die Flügel fixieren.

# Walrosse

Die Flossen beidseitig am Rumpf ankleben. Die stark verlängerten oberen Eckzähne werden, je nach Kopfhaltung, von vorne oder von hinten am Kopf angeklebt.
Kopf im Profil: Eckzähne von hinten ankleben.
Kopf im Halbprofil: Eckzähne von vorne anbringen.
Kopf von vorne: Eckzähne von hinten am Kopf befestigen, bevor der Kopf am Rumpf fixiert wird.
Mit einem schwarzen Filzstift Augen, Nasenlöcher und Barthaare aufzeichnen.

# Eisbären

Die Bären jeweils als Ganzes ausschneiden und das Ohr ankleben. Mit einem schwarzen Filzstift werden Augen und Nasen aufgemalt.

# Flamingos

Jeder Flamingo besteht aus zwei Teilen. Am Rumpfteil (durchgezogene Linie) wird ein Flügel angeklebt, dessen unterer Rand zuvor mit Filzstift rot eingefärbt wurde. Den vorderen Teil des Schnabels schwarz, den hinteren Teil rot anmalen. Im roten Bereich des Schnabels die Schnabelhälften durch einen schwarzen Strich trennen. Abschließend wird das Auge aufgemalt.

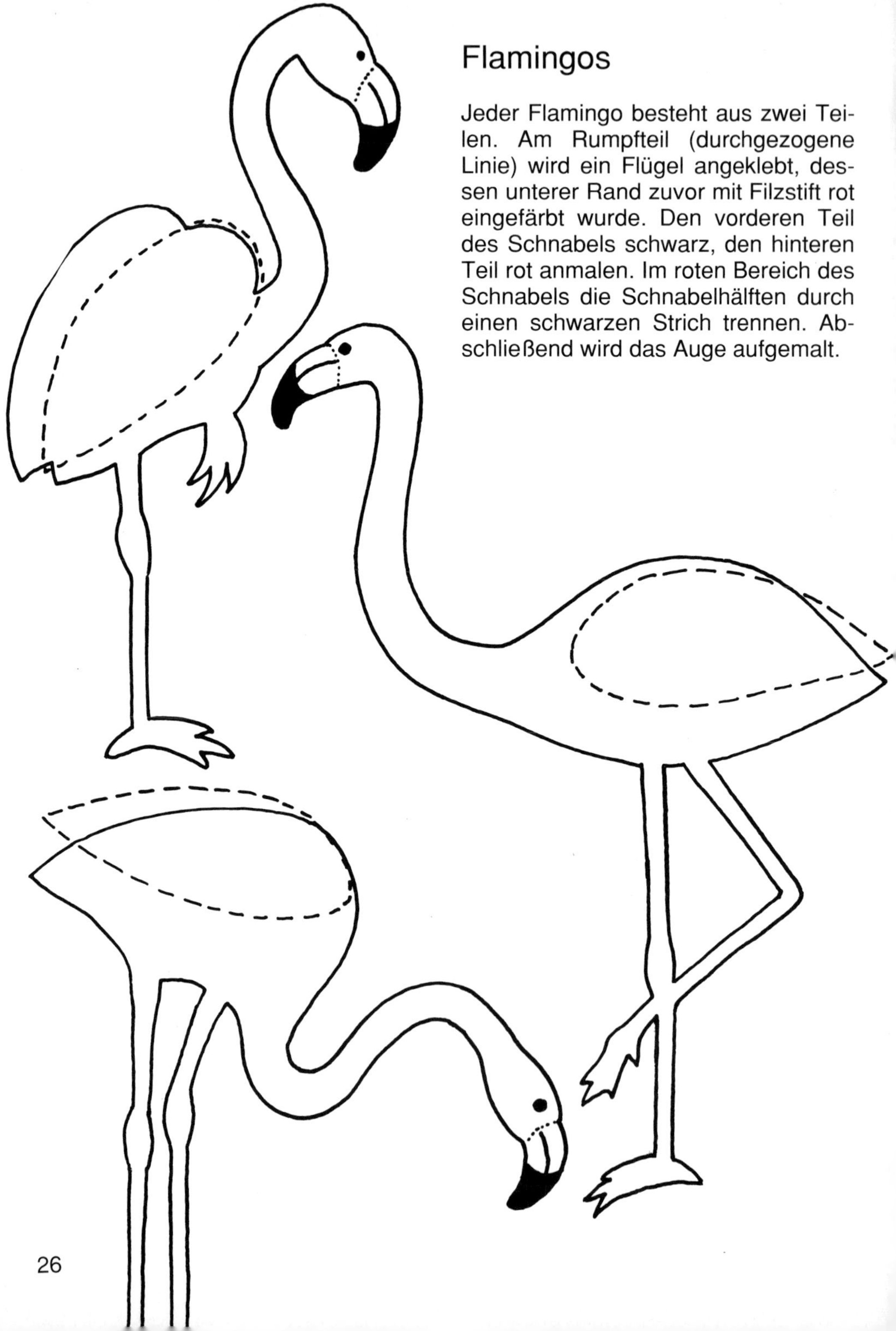

## Pandas

Auf den schwarzen Rumpf (durchgezogene Linie) zuerst das weiße Rükkenteil (gestrichelte Linie) kleben. Den Kopf ausschneiden und die Ohren ankleben. Mit Filzstift die schwarze Schnauze aufmalen. Die dunklen Flächen rund um die Augen werden aus weißem Karton ausgeschnitten. Darauf zuerst die Augen malen und die restliche Fläche schwarz einfärben. Abschließend den Kopf auf den Rumpf kleben.

## Flußpferde

Bei den beiden stehenden erwachsenen Flußpferden zuerst das zweite Ohr ankleben. Mit Filzstift Augen, Nasenlöcher und Zehennägel aufmalen. Beim schwimmenden Flußpferd werden beide Ohren leicht versetzt am Hinterkopf angeklebt.

## Bisons

Am Rumpf beidseitig an den Schultern das etwas hellere Fellteil ankleben. Anschließend Hörner und Ohren fixieren. Mit einem schwarzen Filzstift Augen und Nasenlöcher aufmalen und die Hufe einfärben.

## Leguane

Beim Übertragen der Vorlage ist es nicht notwendig, für die Rückenlinie jede einzelne Zacke zu übernehmen. Stattdessen kann auch nur der ungefähre Verlauf der Rückenlinie (ohne Zacken) übertragen werden. Die Zacken werden dann später ohne Vorzeichnung mit dem Cutter herausgeschnitten. Bevor die Beine angeklebt werden, mit grünem Filzstift das Schuppenkleid der Echse verzieren. Mit einer punktierten Linie den Verlauf des Unterkiefers markieren. Auge und Nasenloch mit Filzstift einzeichnen.